Lb 49.550.

AF332182

L b 49.550.

RÉPLIQUE

De M^e. Dupin, Avocat,

POUR

M^e. ISAMBERT;

PRONONCÉE

A L'AUDIENCE DE LA COUR ROYALE

Du Mardi 27 Mars 1827,

RECUEILLIE

PAR LES STÉNOGRAPHES DE LA GAZETTE DES TRIBUNAUX.

Primus in civitate docuit; in conservandâ civium libertate, esse privatum neminem.

Cic.

PARIS.

IMPRIMERIE ANTHELME BOUCHER,
RUE DES BONS-ENFANS, N°. 34.

1827.

RÉPLIQUE

De Me Dupin, Avocat,

POUR

Me. ISAMBERT.

L'AFFLUENCE des spectateurs n'est pas moins considérable qu'aux précédentes audiences.

Me Dupin a la parole pour répliquer à M. l'avocat-général ; il commence en ces termes :

« Messieurs, le caractère personnel de M. l'avocat-général m'était un sûr garant des ménagemens et de la douceur qu'il apporterait dans une discussion qui, à vrai dire, a moins le caractère d'une accusation que d'une vaste controverse sur un point de législation qu'on s'efforce de présenter comme douteux.

» La cause du pouvoir n'y a rien perdu ; c'était le seul moyen de s'insinuer dans les esprits, et de vous montrer qu'en effet le ministère public, étranger à toutes les passions qui menacent Isambert hors de cette enceinte, n'avait pas poursuivi l'homme, mais l'article où il croit apercevoir une teinte de criminalité.

» Je conçois donc que l'on n'ait point interjeté appel *à minimâ*. Ce n'est pas le fisc qu'on veut enrichir, mais le pouvoir qu'on veut doter. Qu'importe la modicité du dispositif en présence de tout ce que les considérans ont de large et d'indéfini ? Cent francs seulement d'un côté, et de l'autre un droit illimité de capture et d'arrestation sur tous les citoyens sans exception ! La police s'abonnerait volontiers à ce prix, et mon client serait peut-être réconcilié avec elle, si, cédant aux insinuations qu'il en a reçues, il se fût en effet désisté.

» Mais il a pensé que l'appel était de son devoir, et qu'il fallait déférer à la Cour l'étrange sentence rendue par les premiers juges.

» Pourquoi, en effet, acquiescer à une condamnation, même légère, si elle n'est nullement fondée ? Le ministère public lui-même, dans sa juste sévérité, n'a-t-il pas adressé de graves reproches à ce jugement ? N'a-t-il pas dit (ce sont ses propres termes que j'emprunte au journal *de la chancellerie*, où ce réquisitoire a été inséré avec recommandation particulière à ceux qui l'avaient *entendu*), n'a-t-il pas dit que « les premiers juges se sont *égarés* quand ils ont refusé la » communication que réclamait Isambert des pièces et documens sur » lesquels ils ont fondé leur jugement. » Sur un article bien plus important, celui du serment des officiers de paix, n'a-t-il pas dit encore : « *nous n'approuvons pas* non plus en ce point le jugement » de première instance. Que signifie de dire que rien n'oblige les of- » ficiers de paix à prêter serment, et que pourtant ils le prêtent? Le » serment n'est pas de fait, mais de droit. » Voilà donc le jugement qu'il eût fallu laisser passer en force de *chose jugée*, et auquel se- rait venu s'attacher la présomption de droit que la chose jugée est la vérité même ! Un tel acquiescement de la part d'Isambert eût été à-la-fois un mensonge et une lâcheté.

» On a déploré l'éclat fâcheux d'une nouvelle discussion. Un éclat, c'est-à-dire le procès même; et qui l'a fait, si ce n'est ceux qui sont au regret de l'avoir commencé? En quoi d'ailleurs cet éclat est-il donc si fâcheux? [Une discussion solennelle, sur une question de doctrine qui intéresse la sûreté de tous les citoyens, agitée, en termes de droit, devant la première Cour d'appel du royaume, quand la cause du pouvoir y est défendue par l'un de ses plus brillans orga- nes, une telle discussion offrirait du danger! Ah! disons plutôt qu'il doit en résulter un bien immense : ceux qui auront suivi ce débat, en seront devenus plus instruits de leurs droits comme de leurs de- voirs; il serait à désirer que toute la gendarmerie, toute la police eût pu assister à ces débats, et recueillir un enseignement que vien- dra compléter l'arrêt de la Cour.

» Quant à l'esprit de parti, jamais peut-être aucune question ne lui fut plus étrangère. C'est la cause de tous. La liberté individuelle est un bien dont la possession importe même aux plus forts; car ils ne sont forts qu'après avoir été les plus faibles, et avec la chance de le redevenir. Isambert la défend en termes absolus; il fait ce que les avocats français ont fait dans tous les temps, à toutes les époques; et les plus malheureuses ne sont pas celles qui les ont vus moins fidèles aux principes, ni moins ardens à en réclamer l'application.

» L'amour-propre n'est pas davantage le mobile d'Isambert, au point de lui faire rechercher la triste célébrité d'un procès. Sans doute il lui a été permis de vouloir une réputation honorable; c'est le prix de ses immenses travaux; sans cela pense-t-on qu'il les eût entrepris? Etudier les lois, en préparer l'amélioration, défendre ses concitoyens, voilà les succès que peut noblement ambitionner tout avocat. La gloire n'est pas en régie; le monopole n'en est réservé à personne; elle appartient à qui sait s'en saisir; elle est comme ces choses sans maître qui cèdent au premier occupant. Elle est pour les avocats du Roi qui savent allier la modération et le talent dans le ministère hasardeux de l'accusation; elle est pour le ma- gistrat qui juge avec indépendance; elle est aussi pour ceux qui dé- fendent le droit d'autrui; elle est spécialement pour Isambert, qui vient de lire dans la nouvelle ordonnance pour la Guadeloupe toutes les ga- ranties qu'il a réclamées pour les hommes de couleur de la Martini-

que ; elle est pour Isambert, qui, le premier, avait signalé l'abrogation
de cette loi de 1793, qui trop long-temps a peuplé les bagnes, et que
les conseils de guerre viennent décidément d'abandonner, après
douze années d'une injuste application. Elle sera pour lui dans ce débat, où il s'est fait le Hambden de la liberté individuelle, et où il a
mérité, en défendant seul les droits de tous, qu'on lui applique ces
paroles de l'orateur romain : *Primus in civitate docuit, in conservandâ civium libertate, esse privatum neminem.* Il aura montré le
premier que lorsqu'il s'agit de défendre la liberté des citoyens chacun
est homme public, personne n'est homme privé.

» La question que nous agitons est donc bien ardue, à en juger
par cet appareil de livres et d'auteurs, par cette double pile *d'in-
quarto* dont l'accusation s'était entourée à la dernière audience, et par
cette longue et subtile argumentation dont elle est devenue l'objet.
Cela seul déjà suffirait pour l'absolution de mon client, si, pour sa
défense, il avait besoin d'invoquer le doute et de se retrancher dans
sa bonne foi. Il pourrait s'appliquer le mot de ce juge inférieur, qui,
traduit au parlement par suite d'une prise à partie, et voyant les
magistrats en cercle délibérer longuement sur son affaire, s'écria :
« J'étais seul, Messieurs, quand j'ai rendu ma sentence, et réunis en
» grand nombre, vous vous trouvez vous-mêmes embarrassés ! » Il fut
acquitté tout d'une voix.

» Ici de plus puissans motifs commandent l'acquittement d'Isambert ; il a pour lui la vérité, les principes et la loi, et c'est par la vérité, la loi et les principes qu'il doit gagner son procès.

» Oui, *la loi ;* car dans cette matière où l'accusation est de *désobéissance à la loi,* c'est la loi seule que j'invoque, c'est son règne
seul que je désire assurer ; et je mets au-devant de ma cause cette
belle devise de la Cour : In legibus salus : *il n'y a de salut que dans
les lois.*

» Messieurs, le droit public est la sauve-garde de tous les droits
privés ; prenons donc la loi fondamentale pour centre de la discussion ; que ce soit notre point de départ et d'appui avant de remonter
plus haut et de descendre plus bas.

» La Charte (je ne me lasse point de le redire) renferme dans son
art. 4 cette solennelle déclaration : « La liberté individuelle des
» Français est solennellement garantie : » Voilà le principe sacré ;
c'est la majeure du législateur. Et comment est-elle garantie ? Le
voici : « Personne ne pouvant être poursuivi, ni *arrêté,* que dans les
» *cas* prévus par la loi, et dans la forme qu'elle prescrit. »

» Cet article est tiré mot à mot de l'article 7 de la constitution de
1791, que vous a lu M. l'avocat-général ; je m'étonne que ce magistrat ait cru trouver dans le surplus de cet article 7 de quoi appuyer
sa thèse ; en effet, que dit-il ? « Ceux qui sollicitent, expédient,
» exécutent ou font exécuter des ordres arbitraires, doivent être
» *punis ;* — Mais tout citoyen, appelé ou saisi *en vertu de la loi,* doit
» obéir à l'instant ; si non il se rend coupable de résistance. »

» Ainsi, on y voit bien marquée la différence entre l'arbitraire
et la légalité ; l'injonction d'obéissance n'est que pour ce qui est

légal; ce n'est qu'en résistant à la loi qu'on se rend coupable de résistance. Quant à l'arbitraire, point d'obéissance; loin d'être autorisé par cet article, c'est lui qui doit être *puni*; on peut donc y résister impunément; et une autre loi, qui pour être de juin 1793, n'en mérite que mieux d'être citée, car elle est protectrice d'un droit si évident, qu'à cette époque même on ne l'a point méconnu; cette loi donc déclare que « *tout acte* exercé contre un homme hors les cas et » selon les formes que la loi détermine, est arbitraire et tyrannique, » (et elle nous enseigne que) celui contre lequel on voudrait l'exé- » cuter par la violence, a le droit de le repousser par la force. »

» Tel a été le point de départ d'Isambert; il n'a combattu que les *arrestations arbitraires*; il ne conseille la résistance qu'à ce qu'il regarde comme *illégal*. Cette proposition n'est pas une création de la défense; c'est l'article même. Isambert a si peu cherché à fasciner les yeux de ses conseils, qu'il a fait réimprimer cet article en entier pour le soumettre à leur appréciation : le ministère public lui en a fait grief en première instance, et le jugement contient même à ce sujet d'inconcevables réserves que M. l'avocat-général n'a pas reproduites en la Cour, mais qui sont là pour attester le fait.

» C'est donc d'accord avec l'article, qu'après avoir proclamé et le droit général des magistrats, et le droit exceptionnel des procureurs du Roi et de leurs auxiliaires légaux, c'est-à-dire, de tout ce qui constitue la police judiciaire; après avoir également reconnu le droit qui appartient aux officiers de gendarmerie et aux brigades; me renfermant spécialement dans l'examen du droit des *simples gendarmes* et des *officiers de paix*, j'ai dit, avec Isambert, que hors le cas de flagrant délit et de clameur publique, aucune loi en vigueur ne donnait, ni aux gendarmes isolés, ni aux soi-disant officiers de paix, le droit d'ordonner de leur chef l'arrestation d'un citoyen domicilié, et que, s'ils le faisaient, on pourrait résister au gendarme passivement et à l'agent de police se disant officier de paix, avec autant de force qu'il en faudrait pour repousser sa violence.

» Que devait donc faire l'accusation? Me prouver, non par voie d'argumentation, mais par des textes précis (puisque la matière est pénale), que la liberté d'un citoyen peut être *compromise* dans les cas où nous soutenons qu'elle est *garantie*.

» Au lieu de cela, l'habile organe du ministère public m'a répondu, par une distinction théorique entre les arrestations d'une certaine façon et les arrestations d'une autre espèce ; entre l'arrestation-capture et l'arrestation-détention, comme si leur effet commun n'était pas toujours de priver un citoyen de sa liberté!

» Il m'a objecté les besoins de la société, les inconvéniens qui résulteraient de l'exécution stricte du Code, si l'on restreignait les arrestations permises au cas des articles 40 et 106; enfin il a prétendu qu'il ne pouvait y avoir de paix à la ville et dans les campagnes, si le droit d'arrestation-capture ne résidait pas indéfiniment entre les mains de tous ces agens subalternes, auxquels Isambert l'a contesté dans le cas que j'ai précisé.

»Assurément on ne peut être plus divisé. Je soutiens moi que le droit d'arrestation a des limites quelconques : celles qui sont assignées par la loi. L'accusation n'en veut reconnaître aucunes.

» Notez-le bien : aucunes limites ; je propose des bornes ; elle veut le champ tout entier.

» J'accorde le droit d'arrestation à tout agent, même de police ; à toute personne du peuple, *cuivis è populo;* dans tous les cas où il y a flagrant délit, ou assimilation au flagrant délit, *dans tous les cas enfin, où une loi formelle l'aura permis ;* par exemple, sur les vagabonds, gens sans aveu, malfaiteurs, déserteurs, et autres personnes de même sorte qui sont l'objet de dispositions spéciales ; et il est évident qu'on n'est pas satisfait de cette concession ; qu'on veut pouvoir arrêter, même ceux qui ne sont pas coupables de flagrant délit, même ceux qu'aucune clameur ne poursuit, même ceux qui sont domiciliés ; c'est-à-dire, arrêter qui l'on voudra, sans ordre ni permission du juge, par cela seul qu'un gendarme isolé, ou un officier de paix en aura la fantaisie, de son propre mouvement, ou par secrète recommandation.

» Laquelle des deux thèses est la vraie ? Il vous faudra choisir.

» Pour établir la mienne, Messieurs, voici le plan que je me propose de suivre : 1° La distinction objectée entre les deux espèces d'arrestations est futile ; toute arrestation est une atteinte à la liberté individuelle garantie par la Charte ; 2° Y eût-il lieu de les distinguer sous certains rapports, qui ne sont pas ceux de l'accusation, il serait toujours vrai que l'arrestation-capture, non plus que toute autre arrestation, ne peut avoir lieu que dans les cas et dans les formes déterminées par la loi ; 3° Enfin, après avoir suivi l'accusation sur ce terrain, et la ramenant à ses premiers termes, je démontrerai que ces cas se bornent au flagrant délit, et que, hors ces cas, les gendarmes et les officiers de paix, non porteurs de mandat du juge, n'ont pas le droit indéfini qu'on s'efforce de leur attribuer contre les domiciliés.

» Et d'abord, la distinction qu'on veut faire entre les diverses espèces d'arrestation, est-elle fondée ? Je ne le pense pas.

» La Charte tranche toute difficulté sur ce point, puisqu'elle défend en général d'*arrêter* hors les cas prévus par la loi et sans les formes qu'elle prescrit. Elle ne distingue pas ; nous ne devons donc pas distinguer non plus entre les diverses espèces d'arrestation. *Nam ubi lex non distinguit, nec nos distinguere debemus.*

» Cependant on veut donner au mot *arrêter* un sens restreint, pour ne lui faire signifier que la mise en état d'arrestation prononcée par le juge, et l'on soutient que ce mot ne peut pas s'appliquer à l'arrestation qui a seulement pour objet de *saisir* les individus et de les conduire devant le magistrat.

» Ainsi l'équivoque roulerait sur la définition grammaticale des mots *saisir* et *arrêter.*

» Cet argument, j'ose le dire, est des plus futiles, surtout en matière aussi grave.

» S'il s'agissait de mots que les lois elles-mêmes eussent pris soin de définir, et dont le sens légal fût fixé de manière à être bien sûr que le législateur , en employant chacun de ces mots, y a attaché uniquement le sens de sa définition, l'argument serait proposable. :

» Ainsi le Code pénal, art. 1er., ayant défini les *contraventions*, les *délits* et les *crimes*, par le dégré de pénalité, et leur ayant ainsi assigné des caractères propres, on peut bien affirmer que partout où le législateur aura placé le mot *contravention*, il n'aura pas voulu parler d'un *crime*.

» Mais en est-il de même des mots que le législateur n'a pas jugé à propos de définir? Non.

» Ces mots restent alors dans le domaine de la grammaire, et reçoivent leur acception de l'usage.

» Il serait périlleux d'en circonscrire la signification par des définitions; et les lois elles-mêmes nous avertissent de ce danger : *Omnis definitio in jure periculosa est ; parùm est enim ut subverti non possit.* Il faut peu de chose pour en détourner le sens, surtout quand il s'agit d'un mot qui a autant de synonimes, *saisir, arrêter, capturer, emprisonner, incarcérer ;* et quand on voit non seulement les dictionnaires et les gens du monde, mais les auteurs de droit et les législateurs employer indifféremment ces mots l'un pour l'autre ; surtout enfin lorsqu'il s'agit d'une nomenclature criminelle, dont le système a changé tant de fois, depuis Jousse qu'on nous cite pour dire que sous l'ordonnance de 1670, la *capture* ne faisait pas le prisonnier, jusqu'en 1808, en traversant les Codes de 1791 et de l'an IV. Et c'est cependant avec des mots empruntés, pêle-mêle, à toutes ces législations (ancienne, intermédiaire, nouvelle), mots à l'aide desquels on a produit une merveilleuse confusion, qu'on veut induire avec certitude, que saisir est autre chose qu'arrêter, et arrêter, autre chose que saisir, ou appréhender au corps.

» Je le dis avec Bacon, il est dur, Messieurs, de tourmenter la langue des lois pour en exprimer des théorèmes d'accusation : *Durum est torquere leges ad hoc ut torqueant homines.*

» Cependant, je veux montrer à mon adversaire le respect que j'ai pour ses objections, par le soin même que j'ai mis à les vérifier, autant toutefois que me l'a permis la cruelle nécessité, où vous m'avez vu, de plaider devant vous tous les jours depuis mardi.

» Et d'abord, si j'ouvre le code de la langue française, le dictionnaire de l'Académie, au mot *arrestation*, j'y lis ce qui suit: » *Arrestation*, l'action d'arrêter quelqu'un, de l'empêcher de continuer une route. » Voilà un sens bien général. « Il signifie aussi prise de corps, action d'appréhender au corps. » Il est donc synonime de *saisir.* Ce n'est pas tout. « Il signifie *aussi* l'état de celui qui est arrêté; il est en état d'arrestation. »

» Ainsi, ce mot a plusieurs acceptions: il exprime le fait de la capture aussi bien que l'état d'arrestation.

» Préférez-vous un dictionnaire de jurisprudence ? le Répertoire, au mot *arrestation*, définit arrêter par saisir. « ARRESTATION, c'est l'action d'*arrêter*, de *saisir* une chose ou une personne. » *Saisir* n'est donc pas autre chose qu'*arrêter.*

» Le seul article, d'où M. l'avocat-général ait pu induire sa dis-

tinction , est l'art. 10 , au chap. V, de la constitution de 1791 ; reproduit par l'art. 222 de la constitution de l'an III , où il est dit :
« Nul ne peut être *saisi* que pour être conduit devant l'officier de
» police; et nul ne peut être *mis en arrestation* ou *détenu* qu'en vertu d'un mandat des officiers de police , etc. »

» Dans cet article , en effet , *saisi* et mis *en état d'arrestation* , semblent placés en opposition. Mais c'est un accident de langage , et non un fait exprès. On a varié l'expression (car les rédacteurs des lois ont aussi leur coquetterie de rédaction) ; mais sans y attacher les conséquences qu'on a essayé d'en tirer pour l'accusation actuelle. Et la preuve , c'est que dans toute la législation de cette même époque, on voit le mot *arrestation* employé précisément pour exprimer la simple *saisie* de la personne , pour la conduire devant le magistrat.

» Ainsi dans la loi du 29 septembre 1791, portée quinze jours après la constitution du 14, il est dit, art. 2 : les officiers de paix seront chargés.... « d'*arrêter* les délinquans et de les *conduire devant*
» *le juge de paix*. » Et l'instruction du 21 octobre (moins d'un mois après), développant cet article, dit « qu'ils devront *saisir les délin*
» *quans* qu'ils auront surpris troublant l'ordre public. » *Arrêter* est donc *saisir; saisir* est donc *arrêter;* les personnes *saisies* sont donc bien des personnes *arrêtées;* et je le prouve encore par l'art. 6 de la loi du 29 septembre, qui nous dit : « Les officiers de paix, pendant
» la nuit, pourront retenir les personnes *arrêtées;* elles seront conduites au jour devant le magistrat. » Dites donc encore que les gens *saisis* en pareil cas ne sont pas *arrêtés;* et que la loi qui défend d'*arrêter* ne défend pas de *saisir*.

» Mais ce n'est pas tout; et je ne m'en tiens pas au vocabulaire de 1791. Ouvrons le Code d'instruction criminelle actuellement en vigueur.

» Il traite, sous une section particulière, des *arrestations arbitraires;* certes on n'entend pas par-là les arrestations en vertu de mandat du juge, les mises en état d'arrestation; mais bien les appréhensions de fait, les captures illégales opérées sur des individus; et cependant on emploie le mot *arrestation.*

» Lisons l'art. 341. « Seront punis de la peine des travaux forcés à
» temps, tous ceux qui , sans ordre des autorités constituées, et hors
» le cas où la loi ordonne de *saisir* les prévenus, auront *arrêté, détenu*
» ou séquestré des personnes quelconques. »

» Ainsi voilà le mot *saisi* appliqué à une arrestation légale, et le mot *arrêté* réservé pour exprimer la capture ordinaire, et ce mot lui même précédant le mot *détenu* qui indique plus particulièrement la prolongation de l'*arrestation,* »

Me Dupin cite encore à l'appui de son interprétation l'art. 84 du projet de Code militaire, dont le 1er paragraphe porte que « dans les cas de flagrant délit, les officiers de la police judiciaire militaire, feront *saisir* les prévenus pour les conduire immédiatement devant le juge; » mais le rédacteur du projet, homme de goût (on rit), ne voulant pas se répéter , dit dans le paragraphe suivant : « Ils dresseront procès-verbal de l'*arrestation.* »

« Lors donc que la Charte dit : Personne ne pouvant être *arrêté*, elle entend qu'il ne pourra être *saisi*, de quelque manière que ce soit. »

Ici Me Dupin tire de la poche de son gilet une de ces petites éditions de la Charte, à couverture rouge, qu'on met dans les bonbons. L'apparition de ce très mince volume excite l'hilarité générale.

Me Dupin, le tenant entre ses deux doigts : A la vérité, Messieurs, le Code de nos droits n'est pas volumineux, et si même on en retranchait tous les articles qui ont souffert...., il serait réduit de moitié. (Rire général.)

Reprenant ensuite la discussion : « Si la défense d'*arrêter*, hors les cas prévus par la loi, dit l'orateur, ne comprenait pas aussi la défense de *saisir*; en se reportant à l'art. 34 suivant lequel « aucun Pair » ne peut être *arrêté* que de l'autorité de la chambre; » il faudrait entendre le mot *arrêté* en ce sens qu'il peut néanmoins être *saisi*, et tenu vingt-quatre heures, non pas en prison, mais à la salle Saint-Martin, parce que ces sortes de *saisies* ne sont point des *arrestations*. (Me Dupin cite à l'appui de son système un passage du rapport de M. Lally-Tollendal, qui dit qu'un pair, en pareil cas, aurait le droit de repousser l'aggresseur *comme un voleur*.)

Non, Messieurs, il ne peut en être ainsi. La personne des pairs est sacrée; non pas dans leur intérêt, mais dans le nôtre, parce qu'on voit dans l'inviolabilité de leurs personnes un gage d'indépendance, et que dans leur indépendance se trouve la garantie de notre liberté. Pour qu'un pair soit arrêté, il faut que la Chambre des pairs l'ordonne. Pour qu'un citoyen puisse être arrêté, il faut que la loi le permette; il est sous la garantie de l'ordre général, sous la protection de la magistrature; pour lui aussi il est des cas et des formes hors desquels il ne peut être arrêté, hors desquels il doit-être autant en sureté qu'un pair de France.

» C'est donc une distinction futile, une vaine dispute de mots, une pure logomachie.

» D'ailleurs, si le sens des mots *saisir* et *arrêter* est douteux, celui du mot *liberté* ne l'est pas, non plus que les mots *honneur* et *virginité*. Ce sont des mots qui n'entendent pas raillerie, (On rit.) avec lesquels on ne compose pas, et qui n'ont pas de synonimes.

» Donc toute arrestation, quelle qu'elle soit, est une atteinte à la liberté individuelle; et c'est un pur sophisme que de venir me dire: vous n'êtes pas arrêté, vous n'êtes que saisi.

» Eh ! quoi donc ! suis-je libre, quand la police me cerne et m'enlève?.... suis-je libre, quand un gendarme me saisit au collet et me mène à la salle Saint-Martin; entraîné, forcé, menotté, s'il le faut, avec l'humiliation et toutes les lésions de corps et d'esprit inséparables d'un acte aussi violent? Ce que je plaide, c'est l'honneur de l'homme, sa dignité; c'est la personne du citoyen que je veux garantir; je veux la préserver de toute violence, même momentanée; je prétends, en invoquant la loi, lui éviter toute souillure, éloigner de lui la main du gendarme, et que le mot citoyen me serve d'égide, comme le *civis sum* des temps anciens.

» Concluons donc que rien n'est plus chimérique que la distinction proposée entre l'arrestation-arrestation et la saisie-capture qui ne
serait pas arrestation ; cela rappelle par trop la fameuse dispute sur
la grâce suffisante qui ne suffit pas. Ici, il faudrait être Pascal, plus
encore que jurisconsulte.

» Je n'examine pas avec quelle suite d'effets et de durée, je suis
privé de la liberté ; mais j'en suis privé par le fait, et la question se
reproduit toujours la même : était-ce le cas de m'arrêter, de porter
atteinte à ma liberté ? en aviez-vous le droit ? Après bien des circuits,
il faut toujours revenir à ce point. Quittez donc les faux fuyans,
dépouillez les métamorphoses, Protée ; reprenez votre première forme, je vous tiens enchaîné sur le rocher de la loi, et là vous serez
forcé d'avouer que la raison n'est pas pour vous et que l'acquittement
est pour le prévenu. (Mouvement.)

» En effet, Messieurs, et c'est la seconde question que je veux examiner, cette arrestation, cette saisie, ou capture, comme on voudra
l'appeler désormais, ne fût-ce que pour vingt-quatre heures, ou
moins encore, les lois l'autorisent-elles contre les domiciliés, hors
le cas de flagrant délit ? Non.

» M. l'avocat-général vous a dit que si jamais la liberté était atta-
quée, il serait le premier à la défendre.

» Je ne doute pas qu'il n'en fût ainsi dans l'occasion ; cela tient à la
générosité de son caractère. Mais il viendrait à son secours comme
médecin : et si la liberté a sa clinique, elle a aussi son hygiène ;
et j'aime mieux pour elle un bon régime constitutionnel qui la pré-
serve d'atteinte, que des remèdes violens qui ruinent le tempéra-
ment et laissent souvent de vives lésions. La loi le dit avec grande
raison : *Meliùs est intactam causam servare, quàm post vulnera-
tam, remedium quærere.*

» Je dis donc qu'il n'y a pas une seule loi en vigueur qui autorise
à saisir la personne d'un citoyen domicilié hors le cas de flagrant délit ; c'est en vain qu'on veut sortir des termes de la loi et se re-
jeter dans une hypothèse qu'elle n'a pas voulu embrasser. (L'avocat
entre ici dans quelques développemens.)

» Maintenant la loi a-t-elle eu tort, a-t-elle eu raison ? Ce n'est
point la question. La loi n'est pas en accusation ; elle est telle que le
législateur a voulu qu'elle fût. Isambert a dû raisonner sur cette loi
telle qu'elle est ; son article ne renferme pas tous les détails possi-
bles, parce que c'est un article de journal et non un traité complet ;
mais il cite la loi, il y renvoie, il parle son langage ; que veut-on
donc lui reprocher ?

» On a parlé des inconvéniens de resserrer le droit d'arrestation
dans les limites tracées par le Code ? Je réponds d'abord par la règle,
non ab inconvenientibus metiri regulas. Si la loi était mauvaise elle
n'en serait pas moins la loi ; alors il faudrait la rétracter, et je dirais
au pouvoir : faites-en une autre ; changez la loi par une loi et non
par des arrêts ; et c'est le reproche que j'adresse à l'arrêt de cassation
du 3o mai 1814, s'il est vrai qu'il en ait étendu la signification ; mais,

Messieurs, ces inconvéniens n'existent réellement pas, spécialement pour les espèces qu'on nous a objectées. »

Mᵉ Dupin parcourt ces espèces, et soutient qu'en effet : 1° Le faux, qu'on a cité pour exemple n'est pas susceptible de flagrant délit; 2° Que le vol dans les poches, lorsqu'on s'en aperçoit, excite à l'instant une clameur qui autorise l'arrestation; 3° Et que, dans l'affaire Maubreuil, il y avait trois motifs pour l'arrêter, savoir : les coups dont on n'a pu calculer la gravité non plus que l'intention; la clameur générale qui s'est à l'instant élevée contre lui ; enfin le défaut de domicile en France, puisque sa dernière résidence avait été une prison dont on lui avait ouvert les portes, aimant mieux le voir loin que l'entendre de près. — L'avocat cite M. Carnot, qui regarde la clameur publique, de la part de gens désintéressés, comme produisant un indice suffisant pour arrêter celui qui en est l'objet. « Cette clameur publique, dit Mᵉ Dupin, c'est le mandat d'arrêt lancé par le pays; c'est le juge d'instruction au premier chef. »

« Ainsi, le Code, tel qu'il est, ne laisse pas la société désarmée, tandis que la doctrine de l'accusation laisse la liberté sans garantie.

» J'admire la préoccupation qui s'empare de l'accusation. On suppose toujours qu'il s'agit d'un voleur ou d'un assassin qui va s'échapper. Entrez dans une supposition plus généreuse. Pensez donc aussi, je vous prie, au citoyen honnête qu'on voudrait rendre victime; je ne plaide pas pour les voleurs flagrans, pour ceux qui frappent, tuent ou blessent le prochain; *coràm populo;* je plaide pour les honnêtes gens; les perturbateurs font l'exception, les gens paisibles font la règle; je plaide pour des millions de citoyens, pour les bonnes gens, pour ceux qu'on menace tous les jours arbitrairement de les mener à la préfecture ou en prison, sans qu'il y ait matière; je parle des abus de pouvoir exercés contre eux par les agens les plus subalternes, comme on le voit dans l'espèce précisée par Isambert, d'un gendarme voulant arrêter un citoyen et lui faire passer son dimanche à la préfecture de police, parce que, monté en voiture carrée, il avait eu la singulière audace de prendre les rênes à la place du cocher.

» Je veux maintenant examiner en fait, s'il est vrai que ceux que la police arrête, sont effectivement conduits de suite devant le magistrat ? Si ce n'est que pour la justice, que les agens de la police s'emploient avec tant de libéralité ?

» J'avais isolé la police administrative de la police judiciaire ; j'avais montré qu'à dessein on avait expulsé la première du Code, la réduisant au rôle d'exploration qui lui appartient ; et que la police judiciaire seule, sous la surveillance et l'autorité des Cours royales, est chargée de livrer aux Tribunaux les auteurs des délits que la police administrative n'a pas pu prévenir.

» Le ministère public a voulu effacer cette distinction : il prétend que, si tout n'est pas judiciaire d'abord, tout le redevient ensuite, puisqu'on va devant le juge, qui seul statue sur la liberté du citoyen.

» Messieurs, à Dieu ne plaise que je veuille exciter ici une rivalité puérile entre vous et la police. Le pouvoir, qui ne vous appartient pas , voûs ne sauriez en être jaloux ; c'est pour vous le bien d'autrui , vous ne le convoitez pas ; vous n'enviez pas surtout à la police son domaine ; vous le lui laissez tout entier. Mais le pouvoir qui vous appartient , vous devez vous en montrer jaloux ; vous n'en êtes que dépositaires dans l'intérêt de la société , et pour la protection de vos justiciables ; vous en êtes comptables envers Dieu , le Roi , la patrie , envers votre conscience , que j'aurais dû nommer la première. La liberté repose sur la division des pouvoirs. Chaque fonctionnaire a sa compétence , qu'il ne peut tenir que de la loi. De même que le prêtre dit : *Omnis potestas à Deo ;* dans l'ordre temporel , on doit dire : *Omnis potestas à lege.*

» Il y a, j'en conviens, des fonctionnaires mixtes, et, pour ainsi dire, amphybies (on rit), qui vivent sous les deux régimes , et qui appartenant principalement à l'ordre administratif, participent accidentellement à la police judiciaire. Par exemple, les commissaires de police. Mais alors la loi l'a dit ; mais alors elle les a placés, quant à ce, sous l'autorité des Cours royales; mais alors enfin elle a spécifié leurs attributions.

» Hors de là, la police administrative n'est que police administrative : elle ne fait, dit-on, que retirer les brevets. C'est encore trop que ce droit de retirer l'état à des pères de famille, d'ajouter à la peine des Tribunaux, et par rapport à certaines professions , telles que celles de libraires ou d'imprimeurs, d'exercer une influence sur la politique; et c'est ainsi qu'elle voudrait avoir un prétexte pour retirer à Isambert son brevet d'avocat aux conseils. Car tandis que vous jugeriez que cette cause ne comporte qu'une amende de 100 fr., au dehors on consommerait sa ruine. Autrefois l'interdiction d'exercer tel ou tel commerce était prononcée par arrêt. Mais enfin, laissant de côté le droit que la police moderne s'est arrogé à cet égard , et revenant au droit d'arrestation, je dis qu'en principe elle n'a d'action ni sur les personnes, ni sur les propriétés ; elle se borne à inspecter, à explorer, à rapporter; sûreté, salubrité, propreté: voilà sa devise. Tout agent de cette police mérite la définition que la loi romaine a donnée des préfets, des gardes de nuit: *Obscurus judex , arbiter silenciosus, incendiorum et furum indagator.*

» Pour elle, les lois ont inventé une espèce particulière de dol , *dolus bonus* (on rit), pour surprendre les malfaiteurs et les vagabonds. (L'avocat en donne la définition d'après la loi romaine.)

» C'est là que la ruse même est permise, et que tromper est une sorte de gloire, *cui fallere insidiantes fas est et decipere gloria,* suivant l'expression du chancelier d'un roi Goth, qui appréciait la police à sa juste valeur. Tel est le domaine qu'elle exploite, et que vous n'avez garde de lui envier. Mais hors le cas de flagrant délit, elle n'a pas d'action sur la personne des citoyens domiciliés.

» Est-il bien vrai d'ailleurs, que la police ne saisisse les gens, que pour les conduire devant le juge ? N'y a-t-il pas des prisons administratives, des détentions administratives? Le fait n'a-t-il pas été avoué à la tribune par M. le ministre de la justice , qui , répondant au sujet d'un détenu , à la séance du 8 mars 1826, laissa échapper ces paroles qui frappèrent singulièrement l'assemblée : « *Je n'y puis rien parce qu'il est détenu administrativement.* »

Me Dupin cite plusieurs autres exemples; celui des déportés de la Martinique, d'une dame Bellefonds, renvoyée en Suisse avec un *itinéraire obligé,* malgré un arrêt de la Cour de Besançon; le capitaine Parquin, frère de l'habile avocat de ce nom, assujetti à la même condition. Il montre le danger d'une première capture qui peut entraîner de pareils voyages, « au bout desquels, dit-il, on ne vous rend » quelquefois la liberté qu'après que vous avez perdu la raison. » (*Une voix* : Chauvet !)

« Même dans les cas ordinaires, jamais la police ne conduit directement devant le magistrat. Elle vous emmène chez elle; elle a sa prison; elle a ses interrogateurs et ses geoliers; et c'est sans doute parce qu'elle compte sur un accroissement de compétence qu'elle bâtit encore une nouvelle prison au pied de cette tour obscure, qui flanque au nord les murs de ce palais. (Mouvement.)

» Qu'est-ce donc que cette prison de la police, cette salle Saint-Martin, dont chacun parle avec dégoût, si l'on n'en parle avec effroi? De quel droit le préfet de police a-t-il un lieu de détention qui n'est pas soumis à la justice? un lieu où l'on vous retient, et où cependant vous n'êtes pas prisonnier, parce que vous n'êtes pas écroué? Ainsi, c'est dans l'illégalité même du lieu, dans l'absence de forme qu'on va chercher l'excuse !

» Où êtes-vous donc pendant vingt-quatre heures si vous n'êtes pas en prison? vous êtes donc en fourrière comme de vils animaux? Oui, Messieurs, et je veux prouver, la loi à la main, que si le droit que la police réclame existe, l'homme que Dieu a fait à son image sera moins bien traité par la législation que les animaux.

» Je ne parle pas de ces ordonnances de police que l'on voit paraître au mois d'août, et qui sont accompagnées de la création de si singuliers constables.(*Plusieurs voix* : les chiffoniers.)Elles sont dirigées contre les quadrupèdes *errans*; mais elles respectent du moins les domiciliés. (Rire général.) »

Me Dupin cite l'art. 12 de la loi du 6 octobre 1791, sur la police rurale.«Cette loi, dit-il, donne le droit de saisir les bestiaux: mais c'est ici que l'animal serait évidemment mieux traité que l'homme; car ce droit ne s'étend pas à toute espèce de bœufs ou de veaux; il faut que l'animal soit *en dégât,* c'est-à-dire, en flagrant délit, ou *à l'abandon,* c'est-à-dire, en vagabondage.... Je ne demande pour l'homme que ce qu'on fait pour le bœuf. Je demande qu'on traite le citoyen domicilié comme le bœuf qui est dans le pré du maître. (On rit.)

» Et d'ailleurs où conduit-on le bœuf arrêté? On le mène à l'étable, on a grand soin de lui, on le ménage, parce que sa peau répond de sa dépense et du dommage qu'il a causé. Mais le citoyen, s'il n'a pas d'argent, est jeté dans cette salle Saint-Martin, dans ce cloaque, où l'on confond les âges, les sexes et les délits, pendant que sa famille inquiète, se lamente pendant 24 heures.

» Enfin, quel est ce magistrat devant lequel on vous conduit? Le *petit parquet.* (Ici M° Dupin se récrie sur cette qualification; on ne la trouve point dans les lois; elle est inconnue dans le ressort des autres Cours royales; elle subordonne le juge au parquet. Il recommande à la Cour quelques observations sur l'organisation de cette institution, sur la marche qu'on y suit pour les affaires; il blâme la formule *à la disposition de M. le procureur du Roi;* et il dit qu'il aimerait mieux voir le petit parquet s'occuper, d'avance, du soin de préparer la libération immédiate des accusés absous, que le public voit toujours avec douleur rentrer en prison, pour aller compter avec le geôlier.)

M° Dupin résume ensuite toute sa doctrine sur cette première partie de sa cause; et il la termine par la lecture d'une ordonnance fort curieuse de Philippe II, roi d'Espagne, sur les prises de corps, en 1570.

Il ne lui reste plus qu'à faire l'application de cette doctrine aux gendarmes et aux officiers de paix.

Pour les gendarmes, il se borne à peu de mots, et s'étonne que l'accusation persiste sur un chef, où Isambert, en ne conseillant que la résistance passive, est resté en deçà de la jurisprudence. Pour prouver que hors les cas de flagrant délit les gendarmes n'ont pas le droit d'arrêter les domiciliés, il cite un arrêt du parlement du 28 avril 1784, rendu sur les conclusions de M. l'avocat-général Séguier, qui sévit contre un lieutenant de maréchaussée, lequel avait ordonné l'arrestation d'un horloger d'Auxerre, sous prétexte qu'il lui avait manqué de respect; arrestation qui avait eu lieu d'ailleurs avec une incroyable légèreté, en vertu de l'ordre donné par le maire sur une carte à jouer (on rit); car on s'était joué en effet de la liberté de ce citoyen.

L'avocat passe ensuite à ce qui regarde les officiers de paix. ¶

» Les officiers de paix à Hambourg n'étaient que des agens de police, suivant le décret de 1812, inséré d'ailleurs au bulletin des lois. Eh puis, quelle dérision! nous opposer des lois données à des vaincus, nous qui sommes au moins les héritiers des vainqueurs. Quant à l'argument tiré de la biographie des commissaires de police, l'avocat répond que cette biographie n'a pu comprendre les officiers de paix, que parce qu'elle a été faite par un renégat de police qui seul avait pu connaître leurs noms. Il fait remarquer que la nouvelle copie de l'ordonnance du 25 février 1822, quoique magnifique et complète cette fois, ne répare pas le défaut d'insertion au bulletin, et n'autorise pas à la citer devant les tribunaux.

» Fût-elle insérée au bulletin, continue-t-il, ils ne sont plus fonctionnaires publics, n'étant plus nommés par le Roi, comme le veut l'art. 14 de la Charte. D'ailleurs l'ordonnance elle-même n'est pas exécutée; car elle ne parle pas d'officiers de deuxième classe. Cependant le ministre en a nommé de cette qualité. Leur costume n'a rien de légal; un bâton, ou plutôt un tube de six pouces de long caché dans un étui, de telle sorte que pour s'en servir, il faut faire le même exercice que pour mettre des lunettes (on rit). Une écharpe sous l'habit! Et la loi dit qu'ils le porteront habituellement. On appelle cela un costume de cérémonie, et l'art. 344 du Code

pénal fait de la circonstance du faux costume employé pour les arrestations arbitraires, une circonstance aggravante qui entraîne la
peine de mort! Est-ce là de la cérémonie ?

» Quant au serment, j'ai dépouillé les deux registres produits.

» Si, comme l'a dit M. l'avocat-général, le serment est de droit et
non pas de fait, la formule doit en être réglée par la loi : s'il chan-
ge, il ne peut changer qu'en vertu de la loi ; c'est une sentinelle
qu'il faut relever. Eh bien! vous allez voir ici le serment changer
plusieurs fois sans qu'il apparaisse d'aucun acte légal qui ait motivé
ce changement.

» La première formule annoncée dans le préambule du registre
signé par le secrétaire-général Piis, en 1814, annonce le serment
» d'obéissance et de *fidélité au Roi.*

» En 1815, on voit une formule plus longue, où se trouve la clause
de n'entretenir aucune ligue (remarquez le mot), clause fort utile à
conserver et que l'on supprima, on ne sait pas pourquoi, en 1823,
où elle devenait plus necessaire que jamais.

»En 1824, on insère une autre clause, « celle d'exercer la profession
» avec fidélité et probité. » Encore deux excellentes choses, mais qui
disparaissent sous une quatrième formule. Enfin, on trouve des ser-
mens sur feuille volante, d'autres raturés, quelques-uns devant Son
Excellence Mgr. le préfet de police (on rit); d'autres seulement devant son secrétaire. Quelle incroyable légèreté dans une matière aussi
grave ! Et vous vous dites des hommes pieux !

» *Di meliora* Piis, *erroremque hostibus illum!* (Rire général.)

» Enfin, supposons ces agens régulièrement rétablis, que seront-
ils? Ils ne seront pas officiers de police judiciaire, les rédacteurs du
Code ne l'ont pas voulu ; ils n'auront pas les droits de la loi de 1791;
abrogée en l'an IV, elle n'a pas été rétablie; la loi du 23 floréal ne
leur rend pas le droit de retenir les gens vingt-quatre heures; mais
ne leur permet que d'arrêter *les délinquans,* c'est-à-dire les gens surpris en flagrant délit, et seulement pour les conduire *de suite* devant
le magistrat.

» Ainsi on retombe perpétuellement dans la thèse du flagrant délit
où l'arrestation est permise; et hors lequel il est permis de résister à
l'arrestation arbitraire.

» Le ministère public a regardé comme superflu de traiter la
question de résistance à l'arbitraire, et de refus d'obéir à des actes
illégaux. C'est cependant une des questions du procès.

» Pour moi, s'il en etait besoin, je la traiterais hardiment avec
les publicistes et les moralistes, les écrivains sacrés et profanes; les
ordonnances de nos Rois et notre histoire à la main.

» A la tête de ceux qui savent le mieux résister, je citerais d'abord
le clergé catholique, avec son *magis est obedire Deo quam hominibus.*

» Nos parlemens, souffrant la persécution pour la défense des lois,
et répétant dans l'exil, *beati qui persecutionem patiuntur propter jus-
titiam.*

» Nos Rois , consacrant cette résistance dans les intervalles lucides de leur législation, par une foule de sages ordonnances ; et Louis XIII, répondant à l'un de ses courtisans qui lui demandait une lettre de recommandation pour les gens de son parlement : *cela ne vous servirait de rien ; car ils n'y déféreront pas.*

» Je rappellerais L'Hôpital scellant des édits avec la clause *me non consentiente* ; et Birague refusant de sceller des lettres qu'il jugeait préjudiciables au bien du royaume, et rendant les sceaux à son maître , qui fut réduit à s'en servir lui-même.

» Je citerais les gens du Roi , parlant à genoux, et cependant d'une grandeur encore colossale, et prouvant, comme le dit Omer Talon , qu'ils sont aussi les gens de la nation; et Servin mourant aux pieds de son roi en plaidant pour la liberté :

» *Servinum una dies Vidit pro libertate loquentem ,*
» *Vidit et oppressâ pro libertate cadentem.*

» Quant aux militaires, je ne parlerai pas de ce soldat de César, dans Lucain , qui dit que si son chef lui ordonnait de tuer son frère, d'égorger son père, d'éventrer sa femme enceinte, il obéirait à regret, sans doute, mais enfin il obéirait :

» *Invitâ peragam tamen omnia dextrâ.*

» Mais nous trouvons d'autres exemples dans les fastes de l'honneur français , de l'honneur chrétien.

» Le maréchal de Lesdiguières, en 1616 , se fit un mérite de désobéir aux ordres précis de Louis XIII, réitérés plusieurs fois, parce qu'ils lui paraissaient injustes, contraires à la parole que le Roi avait donnée au duc de Savoye, allié de la Couronne, et honteux à la nation française : « Il faut, disait-il, savoir désobéir à son prince, en cer-
» taines occasions, pour le servir selon ses véritables intérêts. »

» Ainsi nous voyons que le vicomte d'Ortez, gouverneur de Bayonne, sous Charles IX, ayant reçu l'ordre de faire égorger les protestans, fit au Roi cette réponse rapportée par le P. Daniel , dont l'histoire ici n'est pas suspecte : « Sire, j'ai communiqué
» le commandement de Votre Majesté à ses fidèles habitans et gens
» de guerre de la garnison ; je n'y ai trouvé que bons citoyens et
» braves soldats, et *pas un bourreau ;* employez nos bras à choses fai-
» sables. »

» Mais que dis-je, un bourreau ! Dans le même temps le gouverneur de Lyon, qui avait reçu le même ordre, ayant commandé au bourreau de mettre à mort quelques huguenots, cet exécuteur lui répondit : *Monseigneur, je ne travaille que judiciairement.* (Vif mouvement dans l'auditoire.)

» Enfin, l'an dernier, le bourreau de la Martinique, révolté de servir d'instrument à une sentence qu'il regardait comme contraire à toutes les lois, mit sa main gauche sur le billot, et se l'amputa de la main droite. Etait-il coupable de rébellion ? (Frémissement.)

» D'autres exemples d'une résistance active, bien active, et toutefois trouvée fort légitime, ne me manqueraient pas; mais laissons cette question, j'y consens, et réservons-la pour une autre occasion.

» Messieurs, la cause d'Isambert est désormais expliquée (je dis, celle d'Isambert, car lui seul est vraiment intéressé dans la cause). La *Gazette des Tribunaux* ne l'assiste que par honneur, et parce qu'elle ne veut point abandonner celui dont elle a provoqué les conseils. L'autre journal a cessé de paraître, et l'on peut dire de lui :

« Echo n'est plus un son qui dans l'air retentisse.

» Pour Isambert, au contraire, c'est une question vitale, une question d'honneur, une question d'état.

» Sa cause, je le pense du moins, est maintenant gagnée dans vos esprits; chacun de vous est pénétré de l'évidente bonne foi de ses intentions; lors même qu'il aurait mal interprété nos lois, il n'a point provoqué à y désobéir; il en réclame partout l'observation; enfin il n'a pas provoqué à la rébellion contre les agens de l'autorité agissant pour l'exécution des lois, puisqu'il n'a raisonné que dans l'hypothèse contraire, celle où ces agens n'avaient aucun caractère légal.

» Son appel d'ailleurs est justifié par les griefs même que M. l'avocat-général a fait valoir contre le jugement.

» Mais cela ne suffit point, Messieurs; une grande question de principes a été soulevée, il faut qu'elle soit résolue. Tous attendent votre arrêt; les uns pour savoir s'ils peuvent arrêter *qui bon leur semblera*, les autres pour savoir s'il demeurera vrai qu'ils ne peuvent être arrêtés que dans les cas prévus *par la loi*. Les premiers se rendront-ils coupables d'arrestations arbitraires s'ils mettent la main sur un citoyen domicilié, hors le cas de tout flagrant délit? Le citoyen sera-t-il rebelle si, prêt à obéir en tout à la loi, il a seulement résisté à la violence et à l'arbitraire dont il s'est vu menacé? En un mot, y a-t-il ou non des limites au droit de priver un citoyen, même momentanément, de sa liberté? Quelles sont ces limites?

» C'est véritablement ici une action en délimitation, une action en bornage ; il s'agit de cantonner la police; nous lui demandons de planter des bornes, mais elle veut qu'on lui laisse le champ libre et l'obtenir en entier.

» Magistrats, la nation entière attend de vous un arrêt qui soit à la hauteur de vos fonctions. Il ne s'agit point ici de prérogatives politiques, d'ambitieux souvenirs, ni d'entreprises hardies. Vous savez vous renfermer dans vos fonctions; vous supportez et les articles 75 qui vous paralysent, et les conflits qui vous mettent en interdit. Mais pour ce qui reste de votre compétence, mais dans tout ce qu'il n'a pas été possible à l'ordre administratif de ravir à l'ordre judiciaire, continuez à faire tout le bien que vous pourrez.

» Voyez comme déjà vos titres s'accumulent! Dans l'arrêt Desgraviers, vous avez confirmé le principe sacré de l'obligation personnelle; dans vos arrêts de tendance, vous avez raffermi la liberté de la presse, et maintenu les libertés de l'église gallicane, par l'arrêt

Montlosier (ne pouvant faire plus), vous avez du moins réclamé la sainte exécution des lois; par l'arrêt Isambert , préservez la liberté individuelle , qu'elle soit à l'abri de l'arrière-police; mettez-la sous la protection de la justice.

» Ainsi vous aurez, en peu de temps, défendu tous les droits, mérité les bénédictions de vos contemperains , conquis le suffrage des âges futurs , et nous serons plus que jamais fiers de vous appartenir ! »

Des applaudissemens et des bravos éclatent spontanément dans l'auditoire. Un signe de M. le premier président suffit pour les appaiser tout-à-coup, et le plus profond silence succède à ce mouvement d'enthousiasme.

M. le président : La Cour ordonne qu'il en sera délibéré en la chambre du conseil.

Voici le texte de l'arrêt qui a été prononcé , après une délibération qui a duré depuis trois heures jusqu'à cinq :

« Considérant que l'article incriminé , rédigé par Isambert et inséré dans la *Gazette des Tribunaux*, le 14 septembre 1826, dans le journal dit l'*Echo du Soir*, le lendemain 15 septembre, renferme une doctrine erronée , en ce qu'il dénie aux gendarmes et aux officiers de paix, agens de la force publique, le droit que leur attribuent *les lois* des 23 septembre 1791 , 28 floréal an IV et 28 germinal an VI dans *les cas déterminés par lesdites lois* , auxquelles le Code d'instruction criminelle n'a pas dérogé , de saisir *sur la voie publique* les *délinquans* , et de les conduire *immédiatement* devant les officiers de police judiciaire ;

» Considérant que l'exposition de cette doctrine ne constitue pas l'intention de provoquer à la rébellion et à la désobéissance aux lois, que par conséquent l'insertion de l'article dans les journaux ne constitue pas la complicité;

» La Cour a mis et met l'appellation et ce dont est appel au néant ; émendant, décharge Isambert, Darmaing et Cousinery de Saint-Michel des condamnations contre eux prononcées , au principal les renvoie des fins de la plainte.

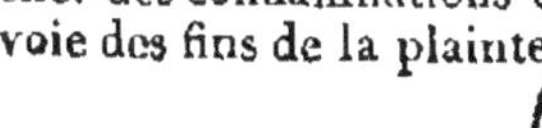